TOUT

RECHERCHES SUR L'APPLICATION DE QUELQUES LOIS D'IDÉOLOGIE
LEXIQUE INDO-EUROPÉENNE

PAR

H. CHAVÉE

Extrait de la *Revue de Linguistique et de Philologie comparée.*

PARIS
MAISONNEUVE ET Cie, LIBRAIRES-ÉDITEURS
15, quai Voltaire

1872

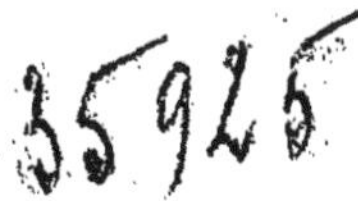

TOUT

RECHERCHES SUR L'APPLICATION DE QUELQUES LOIS D'IDÉOLOGIE

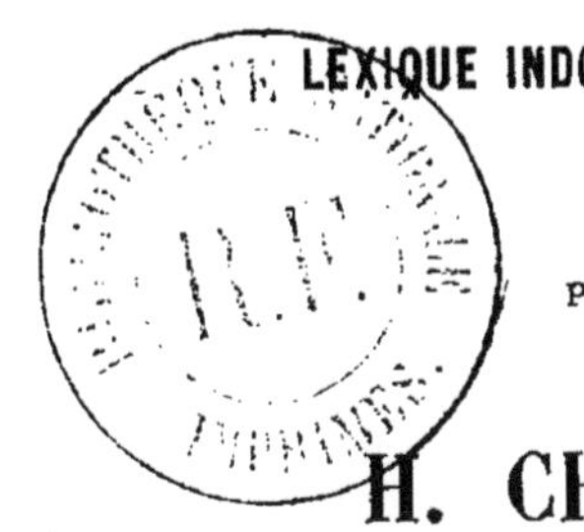

LEXIQUE INDO-EUROPÉENNE

PAR

H. CHAVÉE

Extrait de la *Revue de Linguistique et de Philologie comparée.*

PARIS
MAISONNEUVE ET Cie, LIBRAIRES-ÉDITEURS
15, quai Voltaire

1872

TOUT

Sarva, ὅλος; *viça*, *viçva*; *totus*, *ala-*, *alla*, *ganz*, *geheel*, etc.

Il y a dans ce mot *tout* et dans ses substituts indo-européens deux éléments logiques à la fois contrastés et complémentaires l'un de l'autre. Pour peu qu'on les observe, on les voit échanger tour à tour leur rang d'importance relative selon que l'idée pivotale est celle d'un ensemble absorbant dans son unité un nombre quelconque de parties, ou bien celle d'une partie considérée sous un certain point de vue dans ses rapports avec l'ensemble auquel elle se réfère. Dans ces phrases : « *Tout* l'organisme est altéré ; *tous* les organes sont malades ; *tout* organe s'explique par ses rapports avec *tous* les autres dans l'unité du même *tout* vivant »; etc., les deux idées corrélatives d'unité embrassante et d'unités embrassées sont toujours en présence ; mais, selon les cas, il en est toujours une qui est plus près de vous et que vous voyez davantage.

L'évolution progressive de la science a donné au nom substantif *tout* la signification élevée d'ensemble clos, rigoureusement *un*, soumettant aux lois de sa nature propre les éléments divers qui, dans la plus étroite solidarité, s'y pénètrent sans se confondre jamais. Un *tout*, un ensemble harmonique de cette perfection, dit alors l'unité dans la variété, c'est-à-dire la loi de l'ordre et la loi suprême du beau.

Mais, ici comme partout dans l'histoire de la parole et

de la pensée, on ne monte pas si haut dès les premiers pas, et c'est précisément l'objet de cette petite monographie de rechercher les voies logiques que suivirent *tout* et ses émules pour en arriver là.

A part les cas peu nombreux où les images de pousse achevée, de croissance complète (1), équivalent à la notion d'unité totale, c'est dans l'idée d'INTÉGRITÉ *parfaite de l'ensemble* que se résoud la valeur fondamentale des noms *sarva, viçva*, *totus, geheel, ganz, whole*, etc.

Et cette notion d'intégrité parfaite dans quelle image va-t-elle s'incarner?

Rien de plus facile : la parole vous montre UN objet (d'où pronom, suffixe pronominal) cuirassé de toutes parts et, partant, à l'abri de la moindre égratignure.

Oui, pour dire *entier,* lat. *integrum*, ital. *intiero*, etc., c'est-à-dire *dont on n'a rien enlevé* (*in-* négatif et *tag,* couper, cfr sk. *takṣ*) le langage aryaque, délaissant les voies détournées de l'expression négative (non-entaillé, non-dégradé, etc.) vous présente son unité *garantie, bien gardée*, *couverte* ou *protégée* de tous côtés, et cela pour nier implicitement toute diminution, toute dégradation, tout amoindrissement de cette unité, de ce tout, enfin.

Gardé, protégé, telle est l'image que nous allons retronver dans SARWA (2), dans WIKA comme dans WIKwa, dans *totus,* dans l'anglais *whole*, comme dans le bas-allemand *geheel*, etc.

(1) Voir l'étude de M. Benfey sur ἅπας dans *Griech. Wurzellexikon*, tome II, p. 167, et celle du même savant sur *çaçvat* dans son *Glossaire.*

(2) Les mots en lettres capitales représentent les formes organiques de la langue commune (aryaque) scientifiquement reconstituables ou reconstituées.

I

Voici un verbe aryaque SṚ ou SAR, fléchir, dont la principale individualisation de sens (1), celle de garder, protéger, avec sa variété nourrir, paître, a été mise en lumière par M. Spiegel (2) à l'aide des plus heureux rapprochements empruntés au vieux bactrien. Le *har* zend, identique comme on sait au *sar* sanskrit et aryaque, offre à la fois et le sens moins individualisé de *garder, protéger* (3) dans *haretar*, gardien, protecteur, — dans *harethra*, garde, protection, — dans *haur-va (paçus-haurva)* gardien (4), et le sens plus individualisé de *nourrir*, *paître* dans *haretar*, nourrisseur, éleveur.

Au zend *haurva*, gardien, répond le latin *servu-s*, d'où *servare* avec *conservare, observare*, etc., *servire*, etc.

Mais à côté de *haurva* au sens actif de *gardant*, de celui qui (*-va*) fait fonction de *har* ou SAR, il y a dans le même vieux bactrien un *haurva* au sens passif de *gardé*, de protégé, à l'abri de toute lésion de son intégrité, et *haurva* identique au perse cunéiforme *haruva*, au sanskrit *sarva*, au latin *salvu-s*, au grec ὅλϝο-ς (pour σολϝο-ς) signifie *entier*, tout entier, auquel rien ne manque de ce qui le constitue dans son unité, *totus*, enfin, pour devenir bientôt, par l'étroite dépendance des idées que j'indiquais tout à l'heure, *omnis* et *omnes*.

(1) Voir la *Revue de Ling.*, tome Ier, p. 159 et 152.

(2) Dans la *Zeitschrift* de M. Kuhn, tome XIII, p. 370.

(3) *Fléchir autour*, c'est-à-dire entourer, envelopper, couvrir, protéger est une des individualisations les plus répandues de l'idée générique *Fléchir, courber*.

(4) Quant à l'*u* épenthétique que l'influence de *v* dans *harva* (pour *sarva*) fait surgir avant le *r* qui précède ce *v*, d'où *haurva*, consulter Abel Hovelacque, *Grammaire de la Langue Zende*, p. 9 et 23.

Pour l'intelligence de l'évolution idéologique, il n'est pas sans utilité de faire obSERVER que la forme aryaque SARWA conSERVA sous ses aspects latins l'idée de garde ou de protection dans *servare,* celle d'entier ou de sauf *(salve)* dans *salvu-s*, *salvare*, pour aboutir à celle d'unité rigoureuse et de perfection dans *sollu-s* pour *solvu-s* avec son contracté *sôlu-s* (cfr *sollennis*, *sollertia,* etc).

Comme notre *tout* français, le *sarva* sanskrit passe avec la plus grande facilité de l'idée d'ensemble ou d'unité collective à celle d'une partie quelconque prise dans ce même ensemble dont la notion, je me plais à le répéter, bien que reléguée au second plan, reste forcément perceptible à l'œil de l'esprit. Dans le plus ancien livre du monde, l'univers ent er, manifestation du « Vénérable existant par lui-même » *(Svayambhûrbhagavân),* est appelé *sarvam idam*, « tout cela » (*Rig-Véda,* X, 129, 3), et remarquez que, seul, *idam* représente déjà la création entière, comme dans ce passage bien connu du Code de Manou : *âsîd idam tamobhûtam*, le monde était ténébreux (Manou, I, 5). Tant il est vrai que l'idée d'unité est une idée d'ordre pronominal comme le montre AIKA, un, seul, sk. *eka;* — AIWA, tout un, identique, et, par assimilation, tel, semblable, sk. *eva,* ainsi, et *evam,* certes, z. *aêva,* un, οἰϝο-ς, seul, qu'il faut rapprocher de SAWA* contracté en SWA, sk. *sva* (d'où *sva-yam*) marquant identité d'abord, et, secondairement, ressemblance ou conformité, d'où la forme adverbiale gotique *sva,* ainsi, le *sô* des Allemands; — AINA, lat. *oino*, *uno*, *unu-s*, got. *aina,* sansk. *ena,* celui-là, etc., toutes formes issues du pronom déterminatif I, lui, celui-ci.

Voici maintenant les deux premières strophes de l'hymne 41 du 1er mandala du Rik, où l'image de *conservé tout entier* apparaît, ce me semble, plus lumineuse que dans vingt autres exemples :

Yaṁ rakṣanti praćetaso
Varuṇo, Mitro, Aryamâ |
Nû ćit sa dabhyate janaḥ || 1 ||
Yam bâhuteva piprati
Pânti martyaṁ riṣaḥ |
Ariṣṭaḥ sarva edhate || 2 ||

Ce qu'on peut traduire par :

Quem *protegunt* prudentes
Varunus, Mitrus, Aryaman,
Num-quid iste *laeditur* homo?
Quem brachiis plenis veluti cumulant
Servant mortalem adversus inimicum
Illaesus *totus* augetur.

Le *rakṣ*, garder, protéger, dérivé secondaire de ARK— (thème ARKA), ἀρκέω, lat. *arceo*, *arx*, etc., de la première stance et le *pâ*, garder, protéger, de la seconde, ont, comme sk. *sar*, z. *har*, garder, protéger, le sens premier et commun de FLÉCHIR, dont l'individualisation la plus obvie est celle de *couvrir, envelopper* (Revue de Ling., I, 152). L'aryaque SṚ ou SAR, s'il n'avait pas d'abord signifié *fléchir*, n'aurait pas, dans sk. *sṛ* ou *sar*, signifié fléchir les membres pelviens (SKAD, *scandere*) *marcher*, d'où le généralisé *se mouvoir, aller*. Or, ici, le plus grand effort de flexion des jambes (et par analogie de tout ressort) produit le *bond*, le *saut* (le moyen dit pour l'effet); et voilà pourquoi SAR, fléchir, signifie *bondir, sauter*, *jaillir*, dans gr. σάλος, lat. *salum*, la bondissante, la haute mer; dans ἅλς, la mer et le sel (on sait pourquoi); dans sk. *sarit, saras, sari, salila*, la jaillissante, l'eau, le fleuve, etc.; dans lat. *salire*, *saltare*, gr. ἅλλομαι. Enfin, et ce fait est décisif, si SAR, fléchir — couvrir, protéger, a donné SARWA, entier, tout, c'est bien SAR, fléchir — bondir, jaillir, le père de *salum* et de ἅλς, qui a produit SARWA, eau, sk. *sarva*, eau (*sarvam*, udakanâma, Naigh. I, 12).

Si je ne me retenais, je ferais ici une vigoureuse sortie contre ces braves simplistes qui semblent croire que toute la linguistique comparative est dans les codes phonologiques. Qui ne voit que l'idéologie positive, dans chaque système glottique, pour n'arriver qu'après sa sœur aînée, la phonologie positive, n'en est pas moins le terme suprême et la moitié la plus intéressante de la plus élevée des sciences naturelles? Supposez un instant ces deux lois connues du lecteur :

1° Dans la parole aryaque, tout verbe simple au sens premier de *fléchir* peut s'individualiser (ou s'individualise régulièrement) au sens de *couvrir*, *protéger ;*

2° Dans la parole aryaque, tout verbe simple au sens premier de *fléchir* s'individualise régulièrement au sens de *marcher, courir, sauter, bondir ;*

Et il ne sera plus étonné de trouver *sarva*, eau, à côté de *sarva*, tout.

Mais j'ai hâte d'en finir avec ce *sarva*. Après le sens collectif de l'unité sérielle, le sens partitif de chaque individualité composant cette même série. Après *sarva*= *totus*, *sarva*=*omnis*. Ainsi, considérant la série logique *(totam seriem)* des mauvais rêves, un rishi redoute *duṣvapnyam̃ sarvam,* tout mauvais rêve, *malum somnium* OMNE (Rig-Véda, VIII, 47, 15 et 17). Le pluriel de ce *tout* partitif, notre *tous*, appartient également à *sarva,* mais, sous cette forme grammaticale, on le rencontre beaucoup moins souvent que son synonyme *viçva,* dont il nous faut maintenant rechercher l'acte de naissance.

II

WIKA est un thème aryaque fort répandu et dont les significations variées conduisent toutes à la restauration de son sens premier de *fléchissant* ou de *fléchi.* On y retrouve le verbe WI, fléchir, d'où, avec les individualisations favorites d'*enlacer* et de *tisser*, le dérivé WAYA (s. *vayati*), le dérivé WITA (s. *vetasa* et *vetra*, roseau), le dérivé WIMAT (s. *veman*, lat. *vimen*) et les dérivés au sens individualisé de fléchir coup sur coup (itératif), trembler, WIPA et WIGA (s. *vepate*, *vijate*). C'est ce dernier thème WIGA, fléchissant, que reproduisent avec les nuances de résister mollement à la pression, de *céder* facilement, toutes les langues germaniques. Souvenez-vous de l'anglais *weak* et de l'allemand *weich* avec son *weichen*, etc., etc. Mais revenons à notre WIKA si aisé à reconnaître et dans la *vicia* aux vrilles in*fléchies* en tire-bouchons (cfr *vitis* et *vitex*), et dans *vix, vicis,* le tour, le cercle d'action, et dans *vincere*, dompter (lier), vaincre, proche parent de *vincire* avec son *vinculum,* et dans *vîcu-s* pour *veicu-s*, le village, l'arRONDissement dans une ville, le Ϝοῖκο-ς des Grecs, le *veça-s,* l'enceinte, la maison, des Hindous, le *vësz*, maison des Lithuaniens, le *vĭsĭ*, village, campagne (cfr *campus* et *campere*) des anciens Slaves, toutes formes qui supposent nécessairement un WAIKA aryaque, enceinte, maison, demeure.

Or, qui ne voit que ce WAIKA avec guna de I (AI) est le même au fond que WIKA signifiant comme lui ce qui est *entouré, recouvert*, *protégé, garanti,* à l'abri des intempéries du ciel et des attaques des ennemis. Guné en WAIKA, WIKA devient nom substantif; sans guna, il reste le nom adjectif *entier, tout,* conservé dans le vieux perse *viça* (=*vika*) tout, dans le lithuanien *visa-s*, entier, tout, dans l'esclavon *vĭsĭ* et dans le russe *ves'* (весь), tout (*omnis*) (1).

(1) C'est en lisant à la page 14 des *Radices linguae Slovenicae veteris dialecti* de Miklosich le nom *vĭsĭ,* enclos, champ, village (pour un *vĭkĭ* antérieur) à trois lignes de distance de l'adjectif *vĭsĭ*, tout, que je devinai la vieille énigme cachée sous les noms *viça* et *viçva*.

Voilà donc WIka atteint et convaincu d'avoir subi l'incarnation de l'idée d'intégrité parfaite dans l'image de garde soigneuse et d'inviolable protection, image qui, par la force des choses, avait constitué jusque là son unique richesse, sa seule valeur significative, en dehors, bien entendu, de l'héritage direct de son père WI, fléchir= entourer, enceindre, et de sa mère pronominale ka, quelqu'un ou quelque chose Enfin, pour parler sans figure les mêmes vues logiques firent ici WIka, entier, de WIka, gardé (enceint, enclos), comme elles firent là SARwa, entier, de SARwa, gardé.

Je considère WIk wa, s. *viçva*, z. *vîçpa*, comme un dérivé d'une époque postérieure à celle de la naissance de WIka qui, incontestablement, est un dérivé du premier degré. WIk-wa, en effet, nous reporte par la pensée à cette époque de la vie du parler aryaque où la répétition constante des thèmes binaires d'un usage quotidien comme TAna, tendu, étendu, etc.; — MAda et MAna, étendu sur, mesuré, pensé, soigné; — PAda, empreinte, marque et marche, sol et pied; — KApa, flexion, entourage, prise, creux, bosse, sommet; — Ṛga ou Aga ou ARga ou RAga, tension, pousse en avant, diREction, Action, etc., produisit dans l'esprit des parleurs voués aux facilités de la tradition une telle ankylose des deux membres constitutifs de chaque thème que la voyelle de la fin semblant un élément commun, — j'allais dire *banal*, — la consonne initiale de l'élément dérivatif fît dès lors partie essentielle d'un tout premier et indivisible terminé par une consonne, et de là les racines TAN, MAD, MAN, PAD, KAP, ṚG, AG, RAG, etc., etc., tous verbes dérivés sans doute aucun (les formes simples nous en sont parvenues), mais désormais senties et traitées comme de véritables verbes simples. Le dérivé WIka était trop répandu pour échapper à cette loi, et l'instinct du langage, à la fin des fins, crut à un WIK, infléchir, contourner, entrelacer, envelopper; et de ce WIK *tout d'une pièce* il fit son WIKWA, garanti et entier, comme de ARDHA, la pousse élancée d'une seule venue, il avait extrait ARDH, sk. *ṛdh*, dont il tira son ARDHWA, sk. *ûrdhva-s*, gr. ὀρθϝό-ς, lat. *arduu-s*, qui s'élève droit et, par individualition, droit, élevé. Seuls, les Aryas de l'Inde et les Aryas de l'ancienne Bactriane, dont la vie sociale a dû être si longtemps commune, possèdent des représentants de ce dérivé secondaire. Le sanskrit a *viç-va*, tout (*totus* et, par suite, *omnis*) dont le zend, par son renforcement habituel du groupe *çv* et *çp*, fait *vîç-pa*.

Il importe d'indiquer par quelques exemples l'ordre de précession de l'idée de *totus* sur celle d'*omnis* dans les significations de *viçva*, ainsi que je l'ai fait plus haut pour *sarva*.

A côté de *sarvam idam* il faut mettre *idam viçvam*, l'univers entier, tout l'univers, Rig-Véda X, 88, 15; *Tad viçvam*, tout ceci, Rig-V. VIII, 47, 15; Soma et Pushan sont les gardiens du monde entier, *viçvasya bhuvanasya*, Rig-V. II, 40, 1.

Puis, avec le sens partitif, tant au singulier qu'au pluriel, je trouve dans le même hymne : *viçvâny anyo bhuvanâ jajâna, omnes alius mundos genuit;* et au vers suivant : *viçvam anyo abhićakṣâṇa eti, omnem (mundum) alius inspecturus it.*

C'est avec le même sens d'*omnes* que le Livre des Hymnes reproduit si fréquemment notre adjectif dans ces expressions *viçve devâs* et *viçve devâsas* (forme organique), tous les dieux.

III

Le verbe simple aryaque TU, fléchir, tourner, sk. *tu, taumi, tuta,* vertere (Rosen), s'individualisa, lui aussi, en *entourer,* lat. *TUeri, TUtus*, couvrir, protéger, *couvrir,* que le gotique sous-individualise volontiers en *cacher,* et dans son *thiu-bjo,* en cachette, furtivement (ἐν κρυπτῷ) et dans le nom de certain travailleur nocturne *thiu-bs,* angl. *thie-f,* all. *die-b.* Cette image de la garde attentive du *TUtor* conduisit souvent à *regarder, in-TUeri,* couvrir ou couver des yeux. De là, chez les Gots, le nom de la *serva observans et serviens, thiv-i,* et celui du *servus, thev-is* et *thiu-s,* tud. *dio* (cfr all. *die-nen, die-ner*, etc.).

Or, dans ce TU, TAU, entourer, garder, garantir, la parole indo-européenne a incarné deux idées souvent connexes, bien que parfois distinctes dans le discours :

1° Celle de *force,* avec le calme et la sécurité qui l'accompagnent;

2° Celle d'*intégrité* parfaite ou d'ensemble complet.

Entouré, gardé, protégé, garanti, subit l'incorporation de l'idée de force, de VALeur (WR̥, WAR, WAL, fléchir, entourer, cfr *valeo* et *vallo*) dans zend *tu-ta* et *tû-ma,* fort; dans sk. *tau-ti* et *tav-îti,* valet, avec *tav-as,* la force, la puissance; dans ταύ-ς, fort, avec ταῦ-νω, je fortifie; dans sabell. *tou-ta* et *tôta*; ombr. *tuta* et *tota*; la ville (VIcula*, *vicla*, villa*, cfr *vicus* ci-dessus) et ceux qu'elle enserre, la ville où la force et la sécurité viennent de la CEINcture de remparts qui TAUTI cette TUtâm, cette VORBem*, et, par la contraction habituelle de *vo* en *u*, cette URBem, de WR̥ ou WAR signifiant comme TU, comme WIK, comme SAR et tant d'autres, *fléchir* d'abord, puis tourner, entourer, couvrir, sans compter d'autres individualisations collatérales de ce même *fléchir.* Il n'est peut-être pas superflu de rappeler que la *baurgs* des Gots, all. *burg,* 1° *urbs,* 2° *civitas,* n'est qu'une forme de leur *bairgan*, couvrir, protéger, défendre, tud. *përkan,* all. *bergen.*

La seconde idée incarnée dans l'image couverture, cuirasse, rempart, bouclier, etc., est celle d'intégrité parfaite de l'ensemble, du *tout*, du tout entier *(in-teg-ri)*. Comme adjectif, *tô-tu-s* ou *tov-tu-s* fait donc ce que firent *sarva* et *viçva*, lorsqu'il rend *entier* par *garanti*, gUARé, gUARdé.

L'ensemble de tous les citoyens, le peuple entier, porte aussi dans les inscriptions osques le nom de *touto*, père de *touticus*, public, qu'on lit tous les deux à quatre lignes de distance dans le droit civil de Bantia (1).

Et maintenant, s'il est certain que *touta*, *tôta* joignait souvent à l'idée d'*enceinte donnant la force* celle du *peuple* ou de l'ensemble des citoyens qui l'habitaient, il est non moins évident, à la lecture attentive des inscriptions, que le *touto*, τωϝτο, ensemble de tous les citoyens, emporte souvent avec soi les notions de force, de puissance et de souveraineté. Cette union des idées de *force* et de *peuple* apparaît non moins étroite dans les correspondants germaniques du TUta. La *thiuda* des Gots, c'est le peuple, oui ; mais c'est aussi la souveraineté, la puissance. Est-ce que *thiudanon* ne correspond pas à βασιλεύειν, régner ? Et le *thiudans* ou *thiudans* tout court, n'est-il pas le représentant du pouvoir souverain, le βασιλεύς ? Je me suis souvent demandé comment les savants d'Allemagne, avaient pu s'imaginer qu'un peuple belliqueux et fort, en insistant sur son nom de *thiudisk* (aujourd'hui *deutsch*), ne songeât qu'au *Volk*, à *l'entièreté* de la nation, au *tout*, sans que l'idée de force ou de puissance, celle du *tuta* zend ne vînt s'associer à celle du *totu-m* italique.

IV

Les langues germaniques nous offrent pour substituts

(1) *Valaemon touticum*, le salut public

ordinaires de *sarva, viçva, totus,* etc., les formes *ala-, alla, ganz, geheel* et *whole*, où l'idée négative d'intégrité est encore incorporée dans l'image très positive de couvert, enveloppé, protégé, garanti, conservé. C'est le même génie d'évolution opérant de la même manière, toute spontanée, d'ailleurs, sur des étoffes lexiques diverses d'une signification semblable.

A tout seigneur tout honneur : occupons-nous donc d'abord du got. *ala-* entier, entièrement, tout-à-fait et de son descendant got. *alla*, entier, tout, deux formes dont la dernière se retrouve à tout instant dans les idiomes frères de Germanie.

Le verbe simple aryaque Ṛ ou AR, fléchir, courber, dont les dérivés primaires Ṛna, d'où *ṛṇ* et *arṇ*, —Ṛka, d'ou *ark, ak* ou *ank*, — Ṛga, d'où *arg*, *ag* ou *ang*, etc., ont produit tant de dérivés de deuxième et de troisième degré, AR fléchir, dis-je, a laissé au sanskrit *arâla*, fléchi, courbé, le même que sk. *arâ la*, le bras. Le dérivé primaire ARa, base de *arâ la*, a conservé le sens de bras ou d'avant-bras dans sk. *ara-tnî* (duel), éTENdue *(tanî, tnî)* d'un bras, aune *(ulna)*; mais il a celui de *tournée* ou de *tournante*, dans sk. *ara,* la roue (Ṛta ou RAta, sk. *ratha,* roue et char, lat. *rota*), et l'on sait que *tourner* est une individualisation ordinaire de *fléchir, courber*.

C'est cette dernière particularisation de *fléchir* que vous retrouvez dans ARa-tra, instrument pour *retourner* la terre, la charrue, et plus tard, par analogie, la rame, qui retourne la surface de la « plaine liquide, » ἄρο-τρο-ν, lat. *ara-tru-m*, charrue, sk. *ari-tra*, rame, à côté de l'action même de faire ces ARa ou retournements, ARa-ya, thême verbal reproduit dans ἀρόω, dans lat. *ărâre* (pour *arayasai*), dans lith. *ariù, ariaú*, je laboure et *iriù,* je rame, dans got. *arjan,* labourer. Il vous souvient ici de ARa-tar, qui, dans gr. ἀροτήρ, dans lat. *arator*, dans esclav. *ratlĭ*, et dans serb. *ratar*, représente encore le laboureur, mais qui n'a plus que le sens du rameur dans sk. *aritar* et dans gr. ἐρέτης.

Fléchir l'un dans l'autre, fléchir l'un avec l'autre, enlacer, lier, nouer, entrelacer, tisser, est une individualisation de *fléchir* que nous connaissons déjà par notre étude sur WI et ses dérivés. Cette individualisation de sens a également affecté notre AR, fléchir, courber. Il signifie, en effet, lier, joindre, adapter dans ἄρω, ἀραρίσκω, ἄρτιος, etc.; dans lat. *artu-s*, 1. joint, jointure, articulation, 2. membre du corps, d'où *articulus,* cfr ἀρτὺς, liaison, et, avec le sens de membre, sk. *ṛtu* et ἄρθρον.

Mais j'ai hâte d'arriver aux faits qui jettent la plus vive lumière sur l'évolution de AR, fléchir, en tant qu'il se développe dans la direction spéciale objet de ces recherches.

Pour la troisième fois, nous voici en présence de l'application de cette loi d'idéologie positive du parler aryaque :

Tout verbe au sens premier de *fléchir* individualise régulièrement cette idée en celle d'entourer, *couvrir, protéger, garder.*

AR, fléchir, devient ainsi AR, couvrir, protéger, garder; ARa, fléchi ou fléchissant, devient au cours de sa vie et de sa descendance ARa, gardé, puis regardé (couvé des yeux) dans sk. *ara-ti*, SERviteur (SARwa) ou aide et 2. inspecteur, ordonnateur, l'homme du SERvice et l'homme de l'obSERvAtion, le ὑπ-ηρέ-της (=UPA+ARa+TAR+S) des Grecs, l'homme de la *garde* et du *regard.*

Cet ARa allant comme *sarwa* et *wika* de l'idée *gardé, garé* à celle d'*intégrité* et de *perfection,* le zend le possède dans son *ara* et dans son *âra,* parfait, excellent. Le sanskrit fait d'abord deux substantifs de ce même ARA, couvrant, d'où garnissant, ornant, son *ara-m*, ornement, parure *(aram̃-kṛt)*, et son *ala-m*, garniture, ornement (Th. Benfey, Gloss. du Sâma-Véda, p. 14). Puis, sous cette même forme *ala-m* pour *ara-m*, prise adverbialement, il reproduit l'idée du *ara* zend, celle de *sarva*, de *viçva*, de *totus*, celle du *complet*, de la *plénitude*, et par suite celle du *comble*. « C'est *tout* », disons-nous, pour c'est *fini*, c'est *complet*, c'est *comble*, c'est assez ! Ainsi fait l'Hindou avec son *ala-m*, qu'il fait suivre d'un instrumental disant la chose AVEC laquelle on *comble* la mesure.

Le gotique, lui aussi, présente *ala* pour *ara*, avec le sens de pleinement, complètement, tout-à-fait, comme dans *ala-tharba*, tout-à-fait pauvre, *ala-kjo*, de toute façon, etc. Le *ala* du tudesque (ancien-haut-allemand) correspond exactement au *ala* du gotique : *ala-ganz*, entièrement à l'abri de toute lésion, *Ala-rîh*, souverainement riche et puissant. Si l'idée d'*entier*, de *tout*, de *complet* domine dans le *ala* gotique et tudesque que nous venons de voir, les nuances plus fines d'*excellence* et de *perfection* propres au zend *ara* caractérisent le composé gotique *ala-mans (allaim ALAmannam)*, les hommes nobles, les hommes par excellence, cfr ἀρε-ίων et ἄριστο-ς : impossible de mieux traduire le sentiment qui empruntait ailleurs à l'adjectif *arya*, fils de *ara*, le nom désormais si connu d'*ârya*.

D'après leurs habitudes phonologiques, les Aryas du Far-West européen avaient fait *oli* de *ala*, puisque l'ancien irlandais possède *uile*, tout. La voyelle finale disparaît dans le lithuanien *al* pour *ala*, comme dans *al-wënas*, tout un (chacun), car, de l'organique AIWAna-s, diminutif de AIWA, un (voir plus haut), le lithuanien, par aphérèse, n'a plus que *wëna-s*, un.

Un pas en avant, et, dans la ligne de progéniture du

même verbe simple Ṛ ou AR, fléchir, à côté du dérivé primaire

ARA 1. — fléchi, fléchissant;
2. — tourné, tournant;
3. — couvert, garanti; d'où
α. — par individualisation :
garni, ornant, parant,
β. — par assimilation :
entier, complet, parfait,

nous trouvons deux dérivés secondaires principaux :

ARA-TA, garanti, allant : 1° à sûr, vrai, certain; 2° à complet, parfait : sk. *ṛta,* vrai, parfait, bon (1), zend *areta*, parfait, lat. *ră-tu-s*, anglo-sax. *redhe.*

ARA-YA et, par l'une des contractions les plus habituelles, ARYA, conservant des valeurs du dérivé primaire ARA les idées de perfection, d'excellence et de vertu dans sk. *arya* (2), z. *airya* et celle d'intégrité parfaite ou de totalité absolue dans got. *alla* pour *alja* = ARYA, au nomin. *alls*, entier, complet, tout, *totus*, d'abord, puis, par le même passage du sens collectif au sens partitif, *omnes*.

Si, dans la langue des Gots comme dans les autres idiomes germaniques, *alla*, *alls,* entier, tout, correspond fréquemment et par sa valeur secondaire à l'*omnes* des Latins, il n'en est pas de même de *ganz,* de *geheel* et de *whole* qui, eux, ne descendent jamais à représenter une unité composante quelconque dans l'unité collective qu'ils accusent toujours et exclusivement.

Le verbe simple GHA, fléchir, frère de GA, fléchir,

(1) Il importe de ne point confondre, comme on l'a trop fait jusqu'ici le contracte *ṛta,* vrai, parfait, bon, avec *ṛta,* passé, parti, participe passif du présent du verbe *ṛ,* aller.

(2) Et, par la vriddhi de l'*a* initial, *ārya* opposé, comme on sait, tantôt à *dasyu* et tantôt à *çûdra*.

est surtout connu par les produits de ses dérivés primaires GHAna et GHAnu, entièrement parallèles d'ailleurs à GAna, fléchi, et à GAnu, fléchissant. Non moins important toutefois que ses collatéraux me semble être le thème GHAda d'où la racine verbale GHAd si clairement établie dans son *Dictionnaire* par M. August Fick (p. 64 et 55). Le sens de *fléchir* du simple GHA y est individualisé en *entourer* (fléchir sur) d'où *couvrir*, protéger et, s'il s'agit des doigts, des mains ou des bras, saisir, prendre, embrasser. Pour GHAd ou, avec allongement nasal, GHAnd, le grec a χαδ ou χανδ dans χανδάνω, ἔχαδον, κέχανδα, etc.; le latin a *hed* dans *hedera*, lierre, dans les contractés *praeda, praedium,* pour *prae-heda, prae-hedium*, et *hend* dans *prae-hendere* contracté plus tard en *prendere*, notre *prendre;* le sanskrit présente *had* dans *hasta*, la main (l'infléchie sur), z. *zaçta*; l'anglo-saxon a *get* dans *getan*, angl. *to get*, got. *gitan*, all. *-gessen* (d'où cesser de tenir ou de retenir : *ver-gessen*, *to for-get*).

Mais l'entouré soigneusement, le garanti, le protégé contre toute atteinte funeste, c'est le tudesque et allemand *ganz* pour un ancien *gant* identique au thème GHAnda ou GHAda lui-même (cfr χανδα et χαδα, *hende* et *hede*). Aussi bien que *ganz* reproduit-il exactement la même image de *garantie* et la même idée d'*intégrité* ou de *plénitude* que *sarva*, *viça* et *viçva*, *totus, ala* et *alla*. Consulter Graff IV, 221 et ce que Massmann écrit au volume de l'Index p. 66 : « *ganz*, adj. *integer, incolumis*, *intactus, illaesus, inviolatus*, *valens, sanus, salubris*» (ici souvenez-vous de *salvu-s* identique à *sarva-s*).

L'aryaque KṚ ou KAR 1. fléchir, 2. entourer, couvrir, reproduit dans les langues germaniques sous les variantes HAL, HOL, HEL (lat. *CELare*) HUL (lat. *ocCULere*), ce KṚ, garantir, qui a donné aux Latins leur *CERtus*, garanti, vrai, CERtain, et, aux Hindous, leur *çrî*, salut (1) et bonheur, perfection et beauté, nous le retrouvons dans tud. *hail*, *haili*, all. *heil*, got. *hail*, etc., entier, et intègre (*integer vitae*), sauf et saint. De là ces cris, ces acclamations où l'on souhaitait santé et sainteté, vie sauve (*salve!* cfr *salvus=sarva*) et salut ou félicité de l'âme (*Heiligkeit*), *çrî*, enfin, là-bas, et *hail!* ici près. Le *ge-heel* bas-allemand, entier, tout entier, entièrement, va donc, lui aussi, de l'image *couvert*, *garanti*, à l'idée d'intégrité et de plénitude de l'être. Il en est de même du *whole* d'Outre-Manche, autrefois *hwole* lequel est à KAR, couvrir, comme *what* pour ancien *hwat* est à KAD, quoi, comme lat. *qui-s* est à KI-s, qui.

V

Nouvelles pour la plupart, les solutions étymologiques qui précèdent sont de simples applications des lois idéologiques de la parole aryaque telles que je les ai formulées en un livre auquel je travaille depuis plus de vingt ans (1). J'ai voulu, en écrivant cette courte monographie, montrer çà et là ce que pouvait la méthode historico-comparative INTÉGRALE en matière d'étymologie indo-européenne. Et ici, par *intégrale*, j'entends une méthode contenant *toujours* un compte aussi rigoureux des lois qui régissent le devenir du sens que de celles qui président au devenir des sons; j'entends une méthode qui, refusant désormais d'être incomplète et boîteuse, fera de l'*idéologie positive* du langage avec le même soin qu'elle apporte à faire de bonne phonologie appliquée.

H. CHAVÉE.

(1) Voir au sujet de *salut* la très-remarquable étude de M. Benfey sur *sarvatâti*, z. *haurvatât*, lat. *salût*, dans *Orient und Occident*, tome II, p. 519.

(313) Senlis (Oise). Imprimerie veuve Duriez et Compagnie.

La *Revue de Linguistique et de Philologie comparée* paraît quatre fois par an.—Prix de l'abonnement : Paris, 12 francs ; Départements, 14 francs ; Étranger, le port en sus. — Les abonnements sont reçus chez M. Maisonneuve, 15, quai Voltaire, à Paris.

---

(313) Senlis (Oise). Imprimerie veuve Duriez et Compagnie.

www.ingramcontent.com/pod-product-compliance
Ingram Content Group UK Ltd.
Pitfield, Milton Keynes, MK11 3LW, UK
UKHW021048260726
13994UKWH00005B/2408